CATALOGUE

D'UN TRÈS-BEAU CHOIX

D'ESTAMPES

ANCIENNES ET MODERNES

LA PLUPART AVANT LA LETTRE

Eaux-Fortes, Lithographies et Photographies

PROVENANT

DE LA COLLECTION DE M. ....WS.

DONT LA VENTE AURA LIEU

HOTEL DES COMMISSAIRES-PRISEURS

RUE DROUOT, 5, SALLE N° 7

Le Vendredi 6 Mai 1870

A UNE HEURE ET DEMIE PRÉCISE

Par le ministère de Me **Philippe LECHAT,** Commissaire-Priseur,
rue Saint-Lazare, 64,

Assisté de M. **BLAISOT,** marchand d'Estampes,
rue de Rivoli, 178.

PARIS
IMPRIMERIE RENOU ET MAULDE
RUE DE RIVOLI, 144

1870

RENOU ET MAULDE
IMPRIMEURS DE LA COMPAGNIE DES COMMISSAIRES-PRISEURS
Rue de Rivoli, 144.

CATALOGUE

D'UN TRÈS-BEAU CHOIX

D'ESTAMPES

ANCIENNES ET MODERNES

LA PLUPART AVANT LA LETTRE

Eaux-Fortes, Lithographies et Photographies

PROVENANT

DE LA COLLECTION DE M. ....WS.

DONT LA VENTE AURA LIEU

HOTEL DES COMMISSAIRES-PRISEURS

RUE DROUOT, 5, SALLE N° 7

Le Vendredi 6 Mai 1870

A UNE HEURE ET DEMIE PRÉCISE

Par le ministère de Me **Philippe LECHAT,** Commissaire-Priseur,
rue Saint-Lazare, 64,

Assisté de M. **BLAISOT,** marchand d'Estampes,
rue de Rivoli, 178.

PARIS
IMPRIMERIE RENOU ET MAULDE
RUE DE RIVOLI, 144

1870

CONDITIONS DE LA VENTE

L'ordre numérique du catalogue sera suivi.

L'Expert se réserve la faculté de diviser les lots.

Les Acquéreurs paieront CINQ POUR CENT en sus du prix d'adjudication, applicables aux frais.

DÉSIGNATION

DES

ESTAMPES

ALDEGREVER

1 — La Vierge debout. B. 50.

Belle épreuve.

AMMAN (J.)

2 — Représentation d'un Tournoi qui a eu lieu à Vienne. B. 21.

Belle épreuve. Rare.

ARDELL (James Mac) et STRANGE

3 — Saint Jérôme, d'après Murillo, épreuve avant la lettre. — Moïse exposé sur le Nil, d'après van Dyck. — Laomédon, d'après Salvator Rosa.

Trois pièces.

AUDOUIN

4 — Jupiter et Antiope, d'après Le Corrége. — Vénus blessée, d'après Raphaël.

Deux pièces, belles épreuves.

BAILLIE et HOUSTON (RICHARD)

5 — Deux Écrivains taillant leur plume.

Deux pièces d'après Gérard Dow dont une avant la lettre.

BAILLIE, CLAESSENS, SMITH et VEYRASSAT

6 — Neuf pièces, d'après Rembrandt, J. Steen, etc.

BALLIN (J.)

7 — Le Baptême, d'après Knaus.

Très-belle épreuve avant la lettre.

BAUDOUIN, BOUCHER et WOUVERMANS (D'après)

8 — Les Cerises. — Le doux Repos des Bergers. — La Conduite des Dames pour la chasse, etc.

Huit pièces.

BEAUGRAND (ACH.)

9 — Saint Augustin et sa mère sainte Monique, d'après Ary Scheffer.

Très-belle épreuve sur papier de Chine.

BELLIN (SAMUEL)

10 — Mozart, d'après O' Neil.

BERGHEM

11 — La Vache qui s'abreuve. B. 1. — Le Berger assis sur la fontaine. B. 8.

Trois pièces.

BERGHEM

12 — Le Pâtre jouant du flageolet. B. 6. Rare. — Le Troupeau en repos, B. 10.

Deux pièces, belles épreuves.

BLANCHARD (A.)

13 — Les Joueurs d'échecs, d'après Meissonnier.

Très-belle épreuve avant la lettre, sur papier de Chine.

BLANCHARD (PÈRE)

14 — La Descente de croix, d'après Rubens.

Épreuve sur papier de Chine.

BOISSIEU (J.-J. DE)

15 — Paysages, d'après Ruysdael et autres.

Quatre pièces, belles épreuves.

BOL et SCHMIDT

16 — La Femme à la poire. — Portrait de la mère de Rembrandt. — Trois autres portraits.

Cinq pièces.

BOLSWERT (S. A.)

17 — La Destruction de l'idolâtrie, d'après Rubens.

Très-belle épreuve.

BOLSWERT, BAILLIU et SCHMUTZER

18 — Le Magnificat. — Renaud et Armide. — Saint Ambroise, avant la lettre.

Trois pièces d'après Rubens et Van Dyck.

BOLSWERT et JODE (P. DE)

19 — Le Christ au roseau, d'après Van Dyck. — Saint Martin, d'après Jordaëns.

Deux pièces.

BOLSWERT et PONTIUS

20 — Le Christ mort. — La Résurrection du Christ. — La Madeleine lavant les pieds du Christ. — Silène, etc., d'après Rubens et Van Dyck.

Six pièces, belles épreuves.

BOLSWERT et AUTRES

21 — Paysages, d'après Rubens, Rembrandt et Van der Neer.

Quatre pièces, belles épreuves.

BOTH (JEAN)

22 — Le Chariot attelé de bœufs. B. 2.

Très-belle épreuve avant l'adresse : *Matham excud.*

23 — Le Trajet. B. 7. — Les Deux vaches au bord de l'eau. B. 8.

Deux pièces, belles épreuves.

BOUT (P.)

24 — Les Patineurs. B. 2.

Belle épreuve.

BRAMER (Léonard)

25 — Le Christ en croix.

Très-beau *dessin* à l'encre de Chine, rehaussé de blanc sur papier bleu.

BROSAMER

26 — Jésus-Christ à la croix. B. 6.

Très-belle épreuve.

CALAMATTA

27 — La Joconde, d'après Léonard de Vinci.

Très-belle épreuve sur papier de Chine.

28 — Françoise de Rimini, d'après Ary Scheffer.

Belle épreuve.

CALAME

29 — Essais de gravure à l'eau-forte.

Dix-sept pièces, la plupart sur papier de Chine.

CALLOT

30 — Le Combat à la barrière. — Le Joueur de boules. — Le Parterre de Nancy.

Quatre pièces, belles épreuves.

CARAGLIO

31 — La Bataille au bouclier sur la lance. B. 59.

Très-belle épreuve.

CAREY (Ch.)

32 — Le Liseur, d'après Meissonnier.

Très-belle épreuve avant la lettre, sur papier de Chine.

CARRACHE (Augustin)

33 — Portrait du Titien. B. 154.

Très-belle épreuve.

CASTIGLIONE, GUIDO RENI et TEMPESTA

34 — Neuf pièces dont trois dessins.

CORNILLIET

35 — Le Tasse. — Milton, d'après Dekeyser.

Deux pièces.

COUSINS (Samuel)

36 — The Maid and the Magpie, d'après Edwin Landseer.

CRANACH (Lucas)

37 — Sainte Anne prenant l'enfant Jésus d'entre les bras de la Sainte Vierge. B. 68. Rare.

DALEN (CORNELIUS VAN)

38 — Sebastien del Piombo. — Giorgione. — Bocace. — L'Arétin.

Quatre pièces, superbes épreuves avant toutes lettres.

DANGUIN

39 — Eugénie, impératrice des Français, d'après de Pommayrac.

Belle épreuve sur papier de Chine.

DE LAUNAY (N.) et **DAVID**

40 — La Bonne mère, d'après Fragonard. — La partie de plaisir, d'après Veenix. — Le Marché aux herbes d'Amsterdam, d'après Metzu.

Trois pièces, belles épreuves.

DESCLAUX (VICTOR)

41 — L'Amateur de tableaux, d'après Meissonnier.

42 — Le duc de Guise, d'après Paul Delaroche.

DESMANNEZ

43 — Roméo et Juliette, d'après Ch. Jalabert.

Épreuve sur papier de Chine.

DESNOYERS

44 — La Vierge au donataire, d'après Raphaël.

Très-belle épreuve.

DESVACHEZ (David)

45 — La Vierge au livre, d'après Raphaël.

Épreuve d'artiste avant toutes lettres, sur papier de Chine.

46 — Le Compromis des nobles, d'après de Biefve.

Superbe épreuve d'artiste avant la lettre sur papier de Chine (Cette épreuve a appartenu au graveur).

DIEN, LÉVY et BLANCHARD

47 — La Madone de Saint-Sixte. — La Vierge au Poisson. — Sainte Cécile.

Trois pièces d'après Raphaël. Très-belles épreuves d'artiste avant toutes lettres.

DOO (George), MANDEL et STEIFENSAND

48 — Ecce Homo, d'après Le Corrége, épreuve sur papier de Chine. — Ecce Homo, d'après Le Guide. Date et dabitur vobis, d'après Deger, épreuve d'artiste sur papier de Chine.

Trois pièces.

DORIGNY

49 — Les Cartons d'Hampton-Court, d'après Raphaël; cinq pièces. — Les Planètes, d'après Raphaël; neuf pièces.

Ensemble, quatorze pièces, belles épreuves.

DREVET (P.)

50 — Le comte de Toulouse. — Robert de Cotte.

Deux pièces, belles épreuves.

DREVET, CHEREAU et DAULLÉ

51 — Hyacinthe Rigaud.— Nicolas de Launay. — Claude de Saint-Simon.

Trois pièces, belles épreuves.

DUPONT (Henriquel)

52 — Moïse exposé sur le Nil, d'après Paul Delaroche.

Très-belle épreuve avant la lettre, sur papier de Chine.

53 — L'ensevelissement du Christ, d'après Paul Delaroche.

Épreuve sur papier de Chine.

54 — Le Mariage mystique de sainte Catherine, d'après Le Corrège.

Très-belle épreuve avant la lettre, sur papier de Chine,

55 — L'Hémicycle du Palais des Beaux-Arts, d'après Paul Delaroche.

Superbe épreuve sur papier de Chine.

DURER (Albert)

56 — La Vierge couronnée par deux anges. B. 39.

Belle épreuve.

57 — La Vierge à la poire. B. 41.

Très-belle épreuve.

58 — La sainte Famille au pavillon. B. 44.

Belle épreuve.

59 — Saint Eustache ou saint Hubert. B. 57.

Superbe épreuve.

DURER (Albert)

60 — Saint Jérôme dans sa cellule. B. 60.

Très-belle épreuve.

61 — L'enlèvement d'Amymone. B. 71.

Superbe épreuve.

62 — Le petit Cheval. B. 96.

Magnifique épreuve.

63 — Le Cheval de la mort. B. 98.

Très-belle épreuve; une déchirure a été restaurée.

EARLOM

64 — Les Fleurs, d'après Van Huysum.

Très-belle épreuve.

EARLOM, NOCCHI, DE GHENDT, etc.

65 — Galathée, d'après Luca Giordano; épreuve avant la lettre. — La Madeleine pénitente, d'après Ann. Carrache, etc.

Cinq pièces.

EDELINCK (Gérard)

66 — Philippe de Champagne. R. D. 164.

Très-belle épreuve du 1er état. Rare.

67 — Desjardins (Martin Van den Baugart). R. D. 182. — Charles Le Brun, R. D. 238.

Deux pièces, belles épreuves.

EDELINCK (G.)

68 — Le Combat des quatre cavaliers, d'après Léonard de Vinci.

Belle épreuve.

EICHENS (Edward)

69 — Der Babel. — Thurm. — Die Kreuzfahrer. — Homer und die Griechen. — Die Hunnenschlacht. d'après Kaulbach.

Quatre pièces.

EICHENS (Ed. et H.)

70 — Die Vision des Hesekiel, d'après Raphaël. — Enfance de sainte Elisabeth de Hongrie, d'après Ch. Muller.

Deux pièces.

EVERDINGEN et comte de GOUDT

71 — Le paysage de forme ronde. B. 4. — L'Aurore, etc.

Trois pièces.

FABER (F.)

72 — L'œuvre de ce Maître.

Quatre-vingt-une pièces gravées à l'eau-forte: très-belles épreuves avant la lettre sur papier de Chine.

FELSING

73 — Le Christ mort, d'après Mücke.

Très-belle épreuve d'artiste avant toutes lettres, sur papier de Chine.

FORSTER (F.)

74 — Sainte Cécile, d'après P. Delaroche.

Epreuve sur papier de Chine.

75 — Les Trois Grâces, d'après Raphaël.

Epreuve avant la lettre sur papier de Chine, portant le n° 160.

FRANCK (Joseph)

76 — La Vierge au lys, d'après Léonard de Vinci.

Superbe épreuve d'artiste avant toutes lettres, sur papier de Chine.

77 — Giotto dans son atelier attaqué par des brigands, d'après J. van Eycken.

Epreuve d'artiste (signée du peintre et du graveur).

78 — Le Prisonnier, d'après Gérôme.

Epreuve sur papier de Chine.

FRANÇOIS (Alph.)

79 — Marie-Antoinette, d'après Paul Delaroche.

Superbe épreuve d'artiste avant toutes lettres, sur papier de Chine.

80 — Le général Bonaparte franchissant les Alpes, d'après P. Delaroche.

81 — La tentation du Christ, d'après Ary Scheffer.

Epreuve sur papier de Chine.

82 — Le roi Candaule, d'après Gérôme.

Epreuve sur papier de Chine.

FRANÇOIS (Jules)

83 — Le Christ au Jardin des Oliviers. — La Vierge au pied de la croix ; d'après Paul Delaroche.

Deux pièces, épreuves avant la lettre.

84 — Un Officier offrant de l'argent à une jeune dame, d'après Terburg.

Très-belle épreuve d'artiste avant toutes lettres, sur papier de Chine (signée du graveur).

GALLAIT (L.), CHAPLIN, LEYS, BRACQUEMOND et VERBOECHOVEN (Eug.)

85 — Quatorze pièces gravées à l'eau-forte; plusieurs sont avant la lettre.

GAUTIER

86 — Henri III et le duc de Guise, d'après Comte.

GELÉE, dit Claude Lorrain

87 — Le Naufrage. R. D. 7. Belle épreuve. — Scène de Brigands. R. D. 12. Epreuve du 3e état.

Deux pièces.

88 — Scène de Brigands. R. D. 12.

Belle épreuve du 3e état. Rare.

89 — L'Enlèvement d'Europe. R. D. 22.

Ancienne épreuve.

GIRARD (F.)

90 — Les saintes Femmes, d'après Ary Scheffer.

Epreuve sur papier de Chine.

GIRARDET (Ed.)

91 — Le Vendredi Saint. — Le retour du Golgotha. — L'évanouissement de la Vierge. — La Vierge en contemplation, d'après Paul Delaroche.

Quatre pièces, épreuves avant la lettre.

92 — Louis XIV et Molière, d'après Gérome.

Epreuve sur papier de Chine.

GIRARDET (Paul)

93 — Dernières victimes de la Terreur, d'après Muller.

Epreuve sur papier de Chine.

GIRARDET (P.) et **VARIN** (Am. et E.)

94 — La Noce, d'après Gust. Brion. — La veille des Noces, d'après Dieffenbach.

Deux pièces, très-belles épreuves sur papier de Chine.

GLOCKENTON (Albert)

95 — Le portement de Croix. B. 9.

Superbe épreuve.

GOLE

96 — Les quatre Saisons.

Quatre pièces, très-belles épreuves.

GOLTZIUS (H.)

97 — Saint Jérôme. B. 266.

Epreuve du 1er état, avant l'adresse de Visscher.

GOODALL (E.)

98 — Cranmer taken to the Tower, d'après Fr. Goodall.

Très-belle épreuve d'artiste avant la lettre sur papier de Chine.

HOLLAR et SCHALCHEN

99 — L'Arétin. — Raphaël d'Urbin. — G. Dow.

Trois pièces, belles épreuves.

HOPFER (D.)

100 — Saint Georges. B. 41.

Très-belle épreuve avant le numéro.

JACQUE (Ch.)

101 — Le Troupeau à l'étable.

Très-belle eau-forte avant toutes lettres. (Rare.)

102 — La Majeure partie de l'œuvre de Ch. Jacque.

Cent dix-huit pièces gravées à l'eau-forte; très-belles épreuves avant la lettre sur papier de Chine.

JAZET

103 — Thamar et Juda, d'après Horace Vernet.

JOUANIN et PORTAELS

104 — Séduction, d'après Compte-Calix. — Marie, d'après Brochart. — La Cervolana, épreuve avant toutes lettres sur papier de Chine.

Trois pièces.

KAISER (J. W.)

105 — Les Arquebusiers, d'après Van der Helst.

Très-belle épreuve avant la lettre sur papier de Chine.

106 — Le Bourgmestre Six, d'après Rembrandt.

Très-belle épreuve sur papier de Chine.

LANDSEER (Edwin)

107 — Suite de dix-sept pièces gravées à l'eau-forte.

Très-belles épreuves avant la lettre sur papier de Chine. Rares.

LANDSEER (Thomas)

108 — The Deer pass, d'après Edwin Landseer.

109 — Return from the warren, d'après le même.

LAUGIER

110 — La Belle jardinière, d'après Raphaël.

LECOMTE (N.)

111 — Dante et Béatrice, d'après Ary Scheffer.

Très-belle épreuve sur papier de Chine.

LEFÈVRE (A.-D.)

112 — L'Immaculée conception, d'après Murillo.

Superbe épreuve d'artiste avant la lettre, sur papier de Chine. Très-rare.

113 — L'Adoration des bergers, d'après Le Corrége.

Épreuve avant la lettre.

LEMUD (DE)

114 — Beethoven.

Superbe épreuve d'artiste avant la lettre sur papier de Chine.

LEROY (ALPHONSE)

115 — Le Christ porté au tombeau, d'après Ch. Jalabert.

116 — Jean Sobieski, d'après Henri Rodakowski.

LEWIS (CH.-G.) ET COUSINS

117 — Highland Sheperd, d'après Rosa Bonheur. — Les Connaisseurs, d'après E. Landseer.

Deux pièces.

LEYDE (Lucas de)

118 — Marie Madeleine se livrant aux plaisirs du monde. B. 122.

Belle épreuve.

119 — Le poëte Virgile suspendu dans un panier. B. 136.

Belle épreuve.

120 — Le Baptême de Jésus-Christ. B. 40. — Le Couronnement d'épines. B. 69. — Le Retour de l'enfant prodigue. B. 78. — Portrait de Lucas de Leyde. B. 173. — Portrait d'un jeune homme. B. 174.

Cinq pièces.

LITHOGRAPHIES

121 — La Barque du Dante, par Émile Lassalle, d'après Eug. Delacroix.

Très-belle épreuve avant la lettre, sur papier de Chine.

122 — Un Duel après le bal, d'après Gérôme, lithogr. par Sirouy.

Très-belle épreuve sur papier de Chine.

123 — Le Bourguemestre Six chez Rembrandt. — L'Atelier. — Le Chancelier de l'Hôpital écrivant son testament.

Quatre pièces d'après Leys, Hamman et Delacroix.

124 — L'Aurore. — Les premières roses, d'après Chaplin. — Jupiter et Léda, d'après Jourdan. — Diane, d'après Diaz, gravé par Riffaut.

Quatre pièces, belles épreuves.

LITHOGRAPHIES

125 — Andromède. — La Sorcière. — Le Dernier Banquet. — Chien d'arrêt. — Chevrette. — Le Printemps.

Six pièces par et d'après Gustave Doré, Rosa Bonheur et Ch. Jacque.

126 — Paysages, par Calame.

Neuf pièces avant la lettre.

127 — Lithographies coloriées et chromo-lithographies.

Onze pièces d'après Lewis, Ansdell et Earl.

128 — Trente-six pièces, par Charlet, Bellangé, Decamps, Horace Vernet, etc.; plusieurs sont avant la lettre.

LIVENS (JEAN), LOMBART ET PONTIUS

129 — Jacques Gouter. B. 59. — — J. de Heem, d'après J. Livens. — Six portraits d'après Rubens et Van Dyck.

Ensemble huit pièces, belles épreuves.

LUTMA (JEAN)

130 — Son Portrait.

Belle épreuve.

MAAS (DIRK)

131 — Cheval monté par un écuyer.

Très-rare épreuve, non décrite par Bartsch.

MANTEGNA

132 — La Descente de croix. B. 4.

Très-belle épreuve.

MARE (JOH. DE) et FOSSEYEUX

133 — La Mise au tombeau, d'après Le Titien. — La Femme hydropique, d'après Gérard Dow.

Deux pièces, épreuves avant la lettre.

MARTINET (ACHILLE)

134 — La Vierge au Palmier, d'après Raphaël.

Très-belle épreuve, avant la lettre sur papier de Chine.

135 — Jésus et la Femme adultère, d'après Signol.

Très-belle épreuve, avant la lettre sur papier de Chine.

136 — Le Tintoret peignant sa fille morte.

Superbe épreuve d'artiste avant la lettre, sur papier de Chine. (Signée du graveur.)

137 — Le comte de Horn et le comte d'Egmont sur un lit de parade, d'après Louis Gallait.

Superbe épreuve d'artiste avant la lettre, sur papier de Chine. (Signée du graveur.)

MASSARD ET LEVASSEUR

138 — La Dame bienfaisante. — Le Testament déchiré, épreuve avant la lettre.

Deux pièces, d'après Greuze.

MASSON, ÉDELINCK et SCHMIDT

139 — Le comte d'Harcourt. — P.-V. Bertin. — Pierre Mignard.

Trois pièces.

MECKEN (Israel Van)

140 — Jésus-Christ amené chez Caïphe. B. 12.

Belle épreuve.

MERCURY

141 — Sainte Amélie, d'après Paul Delaroche.

Belle épreuve.

MORGHEN (Raph.)

142 — La Charité, d'après Le Corrége.

Très-belle épreuve avant la lettre.

143 — Le marquis de Moncade, d'après Van Dyck.

MOTTRAM (Charles)

144 — The mothers, d'après Verboechoven.

NANTEUIL (R.)

145 — Barberin (Antoine). R. D. 30. — Chavigny (Léon Le Bouthillier, comte de). R. D. 66.

Deux pièces, très-belles épreuves.

146 — Neufville (Ferdinand de). R. D. 204.

Superbe épreuve du 1er état. Rare.

NEYTS

147 — L'Homme et son chien. B. 8.

Epreuve du 1er état, avec l'adresse : *Joan Huysens* exc.

OSTADE et BEGA

148 — Quatre pièces.

Belles épreuves.

PETHER (W.)

149 — Portrait d'homme, d'après Rembrandt.

Très-belle épreuve.

PHOTOGRAPHIES

150 — Ave Cesar imperator morituri te salutant. — La Mort de César. — Frise d'un vase commémoratif de l'exposition universelle de Londres, 1862.

Trois grandes photographies sur papier de Chine, d'après Gérome.

151 — La Recréation. — Un coupable.

Deux pièces d'après Coomans, grand format.

152 — Diogène cherchant un homme. — Le dessert. — Une martyre chrétienne. — Rembrandt dans son atelier.— Le Bateau.

Cinq pièces, d'après Mazerolle, Paul Delaroche, Gérome et Israels.

PHOTOGRAPHIES

153 — Les Juifs devant le mur de Salomon. — Alain Chartier et Marguerite d'Ecosse.

Deux pièces d'après Bida et Comte.

154 — Une Lecture chez Diderot. — Les Amateurs.

Deux pièces, d'après Meissonnier et Brillouin.

155 — Le déjeuner des Oiseaux. — Une matinée rose. — Cueillette de Fraises, etc.

Dix pièces, d'après Landelle, Maisot, Compte-Calix, Bida, Lemud, etc.

156 — Mme de Pompadour. — S. M. l'Impératrice des Français. — Le Confessionnal.

Trois pièces d'après Boucher, Winterhalter et Dejonghe.

157 — Paysages avec animaux, d'après Verboechoven.

Quatre pièces, grand format.

158 — Le Joueur de violon, d'après Raphaël. — Seize pièces de la Galerie de Dresde.

Ensemble dix-sept pièces.

PONTIUS et BOLSWERT

159 — Le comte d'Olivarès, d'après Rubens. — Le Christ en croix, d'après Jordaens.

Deux pièces.

PONTIUS VOSTERMAN et VAN DALEN

160 — Portrait de Van den Berghe, d'après Van Dyck. — Charles-Quint, d'après Titien. — La Vierge et l'Enfant Jésus, d'après Flinck.

Trois pièces, belles épreuves.

POTTER (Paul)

161 — La vache qui pâture. B. 4. — Les deux bœufs qui se battent. B. 7. Très-belle épreuve avant le numéro.

Deux pièces.

162 — Le Vacher. B. 14.

Belle épreuve du 2e état.

RAIMONDI (Marc-Antoine)

163 — Trajan entrant dans la ville de Rome. B. 361.

Très-belle épreuve.

REMBRANDT (Van-Ryn)

164 — Le Triomphe de Mardochée. Cl. 44.

Belle épreuve.

165 — L'Annonciation aux bergers. Cl. 48.

Très-belle épreuve.

166 — Les Musiciens ambulants. Cl. 121.

Belle épreuve.

167 — Vieillard à barbe carrée. Cl. 262.

Très-belle épreuve.

168 — Portrait de Rembrandt avec une écharpe autour du cou. Cl. 17. — Jean Lutma. Cl. 273. — Utenbogard. C. 276.

Trois pièces, belles épreuves.

REMBRANDT

169 — Rembrandt et sa femme. Cl. 19. — La grande Résurrection de Lazare. Cl. 77, 6ᵉ état. — La descente de Croix. Cl. 83. 3ᵉ état avant l'adresse.

Trois pièces.

170 — Joseph racontant ses songes à sa famille. Cl. 41. — La fuite en Egypte. Cl. 57.

Trois pièces, belles épreuves.

171 — Abraham caressant Isaac, Cl. 38. — Saint Jérôme. Cl. 105.

Deux pièces, belles épreuves.

ROLLET

172 — Louis XI demandant la vie à François de Paule, d'après Gosse.

ROOS

173 — L'Ane et les Moutons. B. 28.

Très-belle épreuve avant le numéro.

RUBENS (Par et d'après)

174 — Saint François recevant les stigmates. B. 9. — La Madeleine qui s'arrache les cheveux. B. 28. — La Diseuse de bonne aventure. — Le sacre d'un Évêque, etc.

Sept pièces, belles épreuves.

RUYSDAEL (Jacques)

175 — Le petit pont. B. 1.

Belle épreuve.

176 — Les deux Paysans et leur chien. B. 2. — La même estampe.

Deux pièces, belles épreuves.

177 — La Chaumière au sommet de la colline. B. 3. — La même estampe.

Deux pièces, belles épreuves.

RYALL (H.)

178 — Le Cerf forcé. — Combat de cerfs, d'après Ansdell.

Deux pièces, très-belles épreuves avant la lettre sur papier de Chine.

179 — Changing pasture, d'après Rosa Bonheur.

RYALL, HACKER et LUCAS

180 — Sujets de chasse, d'après Ansdell.

Six pièces, dont une avant la lettre sur Chine.

SAINT-ÈVE, LEHMANN (A.), et DARODES

181 — La Poésie. — La Théologie. — La Justice. — La Philosophie; d'après Raphaël.

Quatre pièces, très-belles épreuves avant la lettre sur papier de Chine.

SCHONGAUER (Martin)

182 — Le portement de Croix. B. 21.

Bonne épreuve.

SHARPE (C.-W.) et OLDHAM BARLOW

183 — Nelson, d'après C. Lucy. — Chatterton, d'après H. Wallis.

Deux pièces.

STAR (Van).

184 — Jésus appelant à lui saint Pierre et saint André. B. 2.

Belle épreuve.

SUYDERHOEF et BOLSWERT.

185 — La Chasse au tigre. — L'Adoration des bergers, d'aprèsRubens.

Deux pièces, belles épreuves.

THIBAULT.

186 — La Rêverie, d'après J. Aubert.

Epreuve sur papier de Chine.

THOMPSON, BARLOW et autres.

187 — Grouse. — Partridge. — Pheasant. — Rabbit. — Duck. — Black-Game.

Six pièces, d'après Ansdell.

TOSCHI, FELSING ET PHILLIPS.

188 — La Madonna della Tenda, d'après Raphaël. — Julia, d'après Kohler, épreuve avant la lettre.— Jésus et la Femme adultère, d'après Rembrandt.

Trois pièces.

UDEN (VAN) ET VLIEGER.

189 — Paysage d'après Rubens. B. 57. — L'auberge. B. 8.

Deux pièces, belles épreuves.

ULIET (VAN)

190 — Loth et ses filles. B. 1.

Très-belle épreuve.

VARIN (A. et E.)

191 — Le Christ marchant sur les eaux, d'après Ch. Jalabert.

Epreuve sur papier de Chine.

VÉNITIEN (AUGUSTIN)

192 — L'Homme portant la base d'une colonne. B. 477.

Belle épreuve.

WATERLOO

193 — Paysages.

Huit pièces, anciennes épreuves.

WATSON

194 — La duchesse de Marlborough et sa fille, d'après Joshua Reynolds.

Très-belle épreuve avant toutes lettres.

WILLE (J.-G.)

195 — Les Musiciens ambulants. — Les offres réciproques.

Deux pièces, belles épreuves.

196 — La Dévideuse. — La Liseuse.

Deux pièces, belles épreuves.

197 — Jeune joueur d'instrument. — L'Observateur distrait. — La Ménagère hollandaise. — La Maîtresse d'école, etc.

Huit pièces.

198 — Le marquis de Marigny. — Maurice de Saxe. — Jean de Boullongne. — Frédéric II, etc.

Six pièces, belles épreuves.

WILLMORE (J.-T.) et HARRIS

199 — The nearest way in summer time, d'après Creswick et Ansdell. — Gladiateur, d'après Hall, épreuve coloriée.

Deux pièces.

WOOLLETT (W.)

200 — The Cottagers. — The Jocund peasants.

Deux pièces, très-belles épreuves.

---

201 — Sous ce numéro seront vendus les beaux porte-feuilles de cette collection.

Renou et Maulde, imprimeurs de la Compagnie des Commissaires-Priseurs, rue de Rivoli, 144. 4269

www.ingramcontent.com/pod-product-compliance
Lightning Source LLC
LaVergne TN
LVHW010008230826
846092LV00002B/709

9782329545042